AF555129

NOUVEAU MEMOIRE SUR LES ASSIGNATS,

Ou moyen de liquider sur le champ la dette nationale.

Dix Fructidor, an troisième.

PAR PANCKOUCKE, Editeur de l'Encyclopédie Méthodique.

Ce Mémoire ne se vend pas.

DEUXIÈME ÉDITION, CORRIGÉE.

A PARIS,

De l'Imprimerie de POUGIN, rue des SS. Pères, N°. 9.

Le troisième Mémoire sur les Assignats se trouve chez Pougin, *rue des Saints-Pères*, No. 9.

Le premier et deuxième n'ont été imprimés que dans le *Moniteur*, l'un sous le titre de *Réponse à un Prophète de malheur*, qui, malheureusement pour nous, n'avoit que trop raison, et a parfaitement vu et prédit le malheureux sort de l'*Assignat* et tous les maux de la France. (*Voyez l'écrit de* Bergasse.)

QUATRIEME MÉMOIRE

SUR

LES ASSIGNATS,

CONTENANT le moyen de retirer sur-le-champ de la circulation 10 *milliards* d'Assignats, sans secousse, sans exciter de murmures, sans nuire au Commerce, à l'Industrie, sans faire tort aux Particuliers; et de remettre les Assignats restans au pair, en rétablissant le prix des Denrées et Marchandises tel qu'il étoit en 1789.

Envoyé aux Comités de Salut Public et des Finances, le 10 *Fructidor, et à la Convention, le* 30.

PREMIÈRE PARTIE.

PRINCIPES ET FAITS.

TOUS les assignats qui existent entre les mains des particuliers, ont perdu leur première valeur et n'ont plus qu'une valeur nominale et relative.

Le rapport de l'assignat à l'argent monnoyé, est en général, comme 1 à 30.

Chez l'étranger, il est dans une proportion plus forte ; 100 livres en assignats, ne valent en numéraire que 2 livres dix sous. Dans la Belgique, les représentans ont même fixé qu'un assignat de 100 livres n'auroit de valeur que pour 1 livre 10 sous ; dans plusieurs départemens, l'assignat n'a déjà plus de cours pour les denrées de première nécessité.

De ces principes il suit que tout possesseur actuel d'assignats, ne peut les considérer, et ne les considère, en effet, que comme le trentième de leur valeur primitive. Tous les biens, toutes les marchandises se vendent à-peu-près dans cette proportion ; il n'y a de différence que relativement à la rareté de certaines denrées, comme le fer, le charbon de terre, la chandelle, le café, etc., et en effet, celui qui possède 300 mille livres en assignats, ne se croit pas plus riche que s'il avoit 10 mille livres en numéraire, et avec 10 mille livres en numéraire, on fait (à un quart, un cinquième près) la même chose qu'avec 300 mille livres en assignats ; je crois que ce a est clair pour tout le monde, et à cet égard, la marchande de fruit et la ravaudeuse, en savent autant que le premier négociant de Paris.

Si la Convention nationale avoit du numéraire, elle pourroit, par les agens de change et courtiers, faire retirer de la circulation une masse considérable d'assignats, sans que personne pût avoir à se plaindre, ni crier à l'injustice.

Des banquiers qui se réuniroient, et qui seroient garantis par elle, pourroient faire la même opération.

La retiration d'un milliard d'assignats, en supposant l'agio de 1 à 30, (et ce seroit favoriser les possesseurs d'assignats, que de les retirer à ce prix, car la perte actuelle est de 1 à 33, et augmente chaque jour) ; suppose un fond en numéraire de 33,333,333 : dix milliards, un fond de 333,333,330, ou 333 millions, 333 mille, 330 livres.

Mais la Convention Nationale n'a pas 333 millions de numéraire, et peut-être seroit-il très-difficile, dans les circonstances présentes, de trouver une association de banquiers et de capitalistes, qui pussent, avec la meilleure volonté, fournir une aussi forte somme monnoyée.

Remarquons encore que 333 millions, (je néglige les 333 mille, 330 livres,) placés à 4 pour cent, font un intérêt annuel de 13 millions 320 mille livres, ou 13 millions. (en négligeant encore les 320,000 liv.)

La paix, avec toute l'Europe, étant très-prochaine, et la retiration de 10 milliards, dont je vais donner les moyens, devant nécessairement en presser la conclusion, la Convention sans doute n'auroit pas à s'allarmer, si elle prenoit alors l'engagement de payer, dans un an en *numéraire*, aux créanciers de l'état, en retirant dix milliards d'assignats, par une seule et unique opération, de leur payer, dis-je, une somme de 13 millions.

Car si elle retiroit 10 milliards d'assignats, personne sans doute ne doutera, la paix sur-tout ayant lieu, que le lendemain l'assignat restant seroit au pair ou à-peu-près au pair de l'argent, et il seroit nécessairement au pair et même préféré, si on en retiroit pour 18 milliards, et il faut les retirer, s'il en existe 20 milliards dans la circulation, comme on me l'a assuré. Il seroit très-facile de donner de tout cela une demonstration. Alors tout changeroit dans l'instant, tout reprendroit le niveau; le bled, le vin, le bois, et les autres marchandises s'acquerroient même au-dessous du prix ancien, une partie de notre numéraire ayant disparu; et ce qui ne permet pas d'en douter, c'est qu'aujourd'hui tout se vend en argent réellement à meilleur marché qu'en 1789. Tout n'est cher qu'en assignats; car en argent tout est à bon marché et si bon marché pour de certains objets, je ne citerai que les livres et les curiosités, comme marbres, bronzes, etc. qu'ils ne reviennent en écus qu'au tiers, au quart de leur ancienne valeur numéraire. Il faut encore faire attention que cette retiration de 10 à 18 milliards ayant lieu, alors les revenus de la république seroient payés en argent, ou en assignats au pair; la république dans cette opération ne prendroit donc pas un engagement au-dessus de ses moyens en prenant l'obligation de payer 13,000,000, (1) de rentes en argent; voyons maintenant comment avec ces 13 millions de rentes, on peut résoudre l'espèce de problême que j'ai indiqué dans le titre de ce mémoire. Problême le plus important au salut public et à l'affermissement de la république, qu'il y ait jamais eu à résoudre depuis des siècles.

Des moyens d'exécution.

Une démonétisation de 10 milliards seroit odieuse, exposeroit la sûreté de la Convention, ruineroit le commerce, les arts et l'industrie, plongeroit dans la douleur et le désespoir des millions de pères de familles et feroit un mal affreux, et dans un gouvernement paternel, et le gouvernement républicain doit l'être; *le principe est de faire le plus grand bien, en faisant le moins de mal possible.*

Ce n'est donc pas une démonétisation que je propose; loin de moi une aussi horrible pensée, mais une simple conversion, un échange d'assignats contre des *cédules hypothécaires*, et de ces *cédules* contre des billets d'une nouvelle caisse d'escompte dont je vais parler, garantis par ce qu'il y a de plus solide dans la banque, la finance et le commerce, par les principaux négocians de Paris, banquiers, capitalistes et anciens financiers, auxquels se joindront avec empressement, et je ne me permets pas d'en douter, les principaux

(1) La nation aura à payer par an 23,400,000 livres, si on retire 18 milliards.

négocians des capitales de l'Europe, quand ils seront bien convaincus qu'ils ne courent aucuns risques quelconques dans ce cautionnement à la république, puisqu'il leur sera garanti par un transport de biens nationaux dont la république leur fera le transport, et dont ils pourront faire la vente pour acquitter leurs engagemens, à termes qui auront lieu dans les 12 mois de l'année prochaine. Les cédules hypothécaires porteront chacune l'intérêt à 4 pour 100. Je crois en avoir le premier indiqué l'idée et la forme dans le Mémoire et les Lettres que j'ai publiés le 18 Germinal; ces cédules exigent quelques réformes dans le plan actuel. Voici celles qu'il faut leur donner, sauf correction.

FORMULE DE CÉDULE.

Cédule privilégiée et hypothéquée sur les domaines nationaux, biens du clergé, etc.

Fol. 1er. du grand livre des cédules.

No. 1er.

Le présent billet a payé les droits de l'enregistrement (*).

(*) Personne ne se refusera à payer un droit d'enregistrement, et il peut produire une somme très-considérable à la République, qui ne doit rien négliger pour faire face à ses engagemens, et rétablir la confiance.

La nation reconnoît devoir au porteur la somme de dix mille liv. remboursable dans trois ans, par voie de loterie, dont la forme sera alors indiquée. (Le remboursement commencera le 1er. janvier 1797), et finira le 30 décembre 1799.

Les intérêts de *quatre cent liv.* seront payés *en argent* au porteur à la trésorerie nationale, dans un an à compter de ce jour.

Nota. Ces dix mille liv. remboursables en argent, représentent une somme de 300 *mille liv.* que le porteur a remis en assignat au trésor national.

Nota. Si la cédule est de 10,000 liv., on mettra au bas: *elle représente 30,000 liv., remis au trésor national*. L'intérêt y énoncé sera de 40 liv.

On feroit dans la même forme de pareils billets de 1,000 liv. avec les intérêts au bas de 40 liv., en ne manquant pas d'indiquer (je le répète) sur chacun des billets ce qu'ils représentent en assignats; dans celui de 1,000 liv. on mettroit que le porteur a remis, en assignats, 30,000 liv.; car l'agio étant de 1 à 30, une cédule de 1,000 liv. en argent est l'équivalent d'un contrat de 30,000 liv. en assignats, où le prêteur et l'emprunteur se feroient la compensation dans la proportion de 1 à 30.

N. B. Lors du paiement des *intérêts* en argent à la trésorerie nationale, il en seroit pris note derrière, et le billet seroit rendu au porteur pour servir à la circulation.

Ceux qui auroient des petits payemens à faire, ou qui au lieu de cédules hypothécaires et privilégiées, préféreroient des billets de la nouvelle caisse d'escompte, en iroient faire l'échange aux bureaux de cette caisse, comme je l'indiquerai dans la seconde partie de ce mémoire, qui traitera de la nouvelle caisse d'escompte.

Voyons maintenant comment ces cédules, ces billets de la nouvelle caisse d'escompte, entre les mains des porteurs, peuvent remplacer les assignats qu'ils ont remis à la trésorerie, et produire pour eux le même effet; prouvons-le par un exemple. Ce que nous avons à dire n'en sera que plus claire.

J'ai en porte-feuille 300 mille livres en assignats, en billets de 10,000 livres; je les porte à la trésorerie nationale, on m'y donne en échange dix cédules de mille livres, portant intérêt de quarante livres; avec une de ces cédules, je paye 10 mille livres, avec deux 20 mille livres, avec trois 30 mille livres, ect. ect. Il en est de même avec les billets de caisse, dont j'indiquerai la forme à la fin de ce Mémoire; il est clair que ces billets au porteur, portant également intérêt, seront hypothéqués et privilégiés sur les domaines nationaux, ainsi, ce sont des valeurs de la plus grande solidité, d'autant plus que cet hypothèque des domaines nationaux sera encore garanti et cautionné par d'anciens financiers connus, et les principaux négocians de la France.

Si je n'ai point de payement à faire, je garde les dix cédules dans mon porte-feuille; si je n'ai de payemens à faire qu'au bout de six mois, le porteur à qui je donne en payement une cédule, me rend 20 livres d'intérêt, et ainsi de même pour de plus fortes sommes; ce seroit abuser de la confiance du public, que de lui indiquer toutes les petites combinaisons dont les *cédules* données en payement sont susceptibles.

Ces *cédules* (valant mieux, j'ose le dire, que du numéraire, et pouvant le prouver, car le numéraire qui ne circule pas, ne rapporte pas d'intérêt,) deviennent donc une nouvelle monnoie négociable, admise dans tous les payemens, représentant une valeur en numéraire, remplaçant la valeur nominale de l'assignat, et ne formant une masse dans le tableau des finances de la république que de 333 millions; ce qui est bien différent d'une circulation de 10 milliards qu'elle remplace.

Cette conversion d'assignats en *cédules hypothécaires*, dont l'intérêt même se paie en numéraire, ne blesse les intérêts de qui que ce soit, n'arrête ni les opérations du gouvernement, ni celles du commerce et de l'industrie; elle remet dans toutes les mains des particuliers une valeur en argent égale à la valeur nominale de l'assignat, et même supérieure à sa valeur actuelle; si elle nuit, ce ne peut être qu'aux agioteurs, dont l'insouciante et dévorante cupidité ne tend qu'à achever la ruine du pauvre et du malheureux.

Prouvons encore par quelques exemples que nous ne nous écartons en rien de la vérité dans tout ce que nous venons d'annoncer.

J'ai en porte-feuille un million en assignats; je l'ai

acquis par le commerce, l'industrie ou la vente de mes biens; certes, dans tous ces cas, il ne me représente qu'une valeur fictive. Il seroit insensé de croire qu'on est riche d'un million ; on ne l'est réellement que de 33,333 l. en numéraire, ou en terres, maisons et autres denrées représentant du numéraire. Et en effet, tout ce qu'on acquiert de ces biens se vend à-peu-près dans la proportion de 1 à 30 (1) ; il est aisé de donner la raison des exceptions.

Dans le plan que je propose, il faut préférer de retirer d'abord ceux de 10,000 l. (et il doit en exister en assignats de cette somme pour plus de 10 milliards, s'il est vrai que les paiemens de chaque mois s'élèvent à près de 2 milliards), 1°. parce qu'ils perdent ; 2°. parce que cette perte, dans plusieurs villes, comme *Lyon*, *Grenoble*, s'élève, dit-on, jusqu'à 1,000 livres ; il y a même des villes où l'on exige que l'on ne sera pas payé en ces billets; 3°. parce qu'ils nuisent plus au commerce qu'ils ne le servent; 4°. parce qu'en les échangeant contre des cédules, on favorise encore les propriétaires de ces assignats, la nation, dans cet échange, voulant bien ne point avoir égard à la perte que subissent ces assignats de 10,000 liv. dans la circulation actuelle.

La Convention, pour détruire toute manœuvre qui pourroit empêcher la circulation des *cédules*, rendra un décret qui ordonnera qu'elles seront reçues en paiement comme monnoie métallique : peut-être même que ce decret n'est pas nécessaire ; car si le plan que je donne ne pêche point par les principes, si la cédule est bien exactement la représentation de la valeur nominale de l'assignat, la circulation et la négociation doivent avoir lieu d'elles-mêmes, et les

(1) Cette proportion est aujourd'hui (10 Fructidor) plus forte.

propriétaires en sentiront tellement l'utilité et la nécessité, que tous les efforts de l'agiotage viendront se briser contre cet arrangement. Je présume même plus, et le tableau abrégé qne je vais tracer de notre position financière ne me permet pas d'en douter : c'est que ces *cédules* et billets de caisse d'escompte. portant intérêt, et présentant la plus grande solidité, comme on va le voir, les propriétaires préféreront de les garder et de payer en argent; ce qui ramènera nécessairement le numéraire dans la circulation et le fera sortir des coffres de l'avarice.

Portons donc un coup-d'œil sur notre position financière, et voyons ce qui résulte du plan proposé.

J'ignore au juste combien il y a d'assignats dans la circulation; au mois de germinal dernier, on a annoncé dans plusieurs journaux, et je crois même dans le sein de la Convention, qu'il y en avoit pour 10 milliards, ci 10,000,000,000

Comme les dépenses ont été énormes depuis ce tems, à cause des approvisionnement des armées, des indemnités aux commis, du grand discrédit de l'assignat, des manœuvres et des fureurs de l'agiotage, peut-être n'est-ce pas exagérer d'avancer que depuis cinq mois on en a créé 10 milliards, ci 10,000,000,000

20000,000 000

En germinal dernier, on assuroit qu'il existoit encore pour 15 milliards de biens nationaux, mais il faut bien faire attention que cette estimation étoit en numéraire, et cela est si vrai, que tel bien prisé cent mille livres, s'est vendu dans ces derniers tems un million et plus, et il s'est fait des fortunes énormes et scandaleuses, par ceux qui ont acquis, il y a deux à trois ans, des biens du clergé, et qui les ont revendus dans ces derniers tems.

Supposons, pour ne rien forcer, qu'il n'existe plus que pour 10 milliards de biens nationaux, et voyons comment cette somme peut être l'hypothèque, le privilège d'une dette de 20 milliards en assignats, plus d'environ 300 millions d'anciennes rentes foncière et viagère dont la république française s'est reconnue débitrice.

1°. La Convention retirant du commerce 10 milliards, par la conversion de tous les assignats de 10 mille livres, jusques et compris ceux de 400 livres en *cédules hypothécaires*, il en résulte qu'il ne reste plus en circulation que 10 milliards en assignats, qui, réduits *hypothétiquement* en numéraire, ne valent ici que 333 millions, ci . . . . 333 millions.

2°. Les 10 milliards échangés en *cédules*, produisent en numéraire, ci . . 333 millions.

La nation doit donc en argent pour ces objets 666 millions, ci . . . . 666 millions.

Mais les 10 milliards d'assignats échangés contre des *cédules*, produisent une rente annuelle en *argent* de 13 millions, ci . . . . . 13 millions.

Il est dû sur le grand livre en rente foncière et viagère, environ ci . . . . 300 millions.

TOTAL des rentes en argent qui seront dues en argent, ci. . . . . 313 millions.

Nota. Si la Convention ordonnoit la retiration de 18 milliards, au lieu de dix, et je crois qu'elle doit le faire pour en finir d'un seul coup, la rente totale en argent seroit de trois cens dix-neuf millions, cinq cens mille livres, au lieu de 313 millions.

Il ne resteroit donc alors en circulation que deux milliards d'assignats, qui joints à un milliard effectif en numéraire et aux *cédules hypothécaires*, ou billets de la nouvelle caisse d'escompte, suffiroient et au-dela pour toutes les opérations commerciales et financières.

Maintenant si l'on veut y faire une sérieuse attention, se dépouiller de tout préjugé, on verra que dans cette position notre état de finance, bien loin d'avoir rien d'alarmant, est au contraire très-rassurant, et en effet, on à 10 milliards de biens nationaux, (1) estimés en numéraire, qui produiroient plus de cent milliards en assignats, quand bien méme on ne voudroit les établir que dans le rapport de 1 à 10; au lieu de celui de 1 à 30.

Il faut encore considérer que les revenus de la république, lorsque nos finances seront bien réglées, bien ordonnées, seront plus que suffisans avec les 10 milliards de bien nationaux restant, pour suffire à toutes les dépenses du gouvernement, et payer les rentes foncières et viagères; sur-tout si l'on met à la tête de cette partie un homme entendu, intelligent, dont le caractère moral et les lumières fassent impression sur le public, et qui dans cette administration, la plus délicate et la plus laborieuse de toutes celles du gouvernement, sache voir, penser, et opérer en grand, et qui d'un coup-d'œil saisissant l'ensemble de ce vaste tableau, connoisse toutes ses ressources, et qui n'étant jamais effrayé des difficultés, ne s'en serve, en les surmontant, qu'à redoubler de zèle, d'activité, et de courage : le salut

(1) Quand il n'existeroit que pour six milliards de biens nationaux, ils seroient plus que suffisans pour être la garantie, l'hypothèque, avec les revenus de l'état, de 313 millions de renté qui, à 4 pour cent, ne représentent qu'un capital de 7 milliards 825 millions, mais qui doivent être réduits à 6 milliards, à cause des rentes viagères qui s'éteignent tous les jours.

de la république, le bonheur du peuple, voilà le fanal qui doit le guider dans toutes ses opérations (1).

J'observe que cet échange de 10 à 18 milliards d'assignats en cédules, portant intérêt, ne peut réussir, remplacer les assignats sans trouble ni murmure, que lorsque cet échange étant décrété, la Convention donnera l'assurance bien certaine et bien positive, qu'à l'instant même les planches et les cuivres des assignats seront brisés, les presses vendues, les maisons de fabrications louées; car si on continuoit à en faire de nouveaux, la confiance ne pourroit s'établir, les assignats restant redevenir au pair de l'argent, et les marchandises reprendre sur-le-champ les prix de 1789.

Il est clair encore qu'il faudroit, dans cette opération, remettre tout payement *quelconque* à un mois, car il faut le tems de faire les *cédules* et de les délivrer, pour remplacer les assignats remis à la trésorerie.

Je vais finir par une observation importante et de la plus grande vérité; cet échange des assignats, contre des cédules, favorise singulièrement le peuple, car les gros assignats n'étant qu'entre les mains des gens riches, banquiers, financiers, etc. les petits assignats sont entre les mains du peuple, or l'échange n'ayant lieu que pour les assignats de 10 mille livres, deux mille livres jusqu'à 400 livres compris, et cette conversion remettant sur-le-champ tout au pair, il est de la dernière évidence que les petits assignats, depuis 10 sous à 400 livres non compris, sont dans l'instant *trentuplés*, 10 sous valent réellement 15 livres, 5 livres, 150 livres; le peuple donc, favorisé par cette opération, qui ne blesse en rien les intérêts du riche,

(1) Je ne connois qu'un seul homme, dans la Convention, qui puisse dignement remplir cet important ministère, et réparer les torts de Cambon, être le plus immoral qu'ait jamais produit le génie dévastateur de la finance, cette personne est le C. de C.

car celui-ci a aussi été favorisé dans l'échange des gros assignats, ne peut manquer d'exprimer sa reconnoissance et son amour à tous les membres de la Convention.

Si ce plan étoit agréé, et je ne vois point quelle objection on peut y faire ; car je l'ai communiqué à des géomètres distingués, à des négocians instruits, à des capitalistes amis de l'ordre et du salut public, à des notaires éclairés, et tous m'ont dit, et je les crois de très-bonne foi, qu'ils ne voyoient aucune objection à y faire, je ne fais aucun doute que les familles des anciens financiers, les Laborde, les Duruey, les principaux négocians et marchands et riches capitalistes, tant de Paris que des départemens, ne s'empressassent, chacun en proportion de leur fortune, de faire des lettres de change ou billets à ordre, payables dans les douze mois de l'année prochaine, (ou un seul engagement devant notaire, portant obligation de payer la somme de . . . . dans les douze mois de 1796), ce qui certes équivaut bien à du numéraire, et pour leur garantie, la nation leur transmettroit par des actes en bonnes formes, pour 400 millions de biens nationaux, estimés en argent, que ces négocians, banquiers, capitalistes, feroient vendre à mesure, pour acquitter leurs lettres de change à leur échéance, s'obligeant lesdits, à remetire le surplus de la vente dans le trésor national.

Ces 200 millions de lettres de change, ou de billets d'une nouvelle caisse d'escompte qui seroit établie, (car vingt formes peuvent se présenter pour simplifier l'opération,) serviroient à faire le fonds de la guerre, si les ennemis ne vouloient pas se prêter à des conditions de paix raisonnables.

Je suis si sûr de la possibilité du plan que je propose, et de si bonne foi à cet égard, que je m'oblige de souscrire pour un demi-million, et quoique la révolution m'en ait fait perdre près de deux en numéraire, l'on doit croire qu'en prenant un tel engagement, c'est qu'il me reste une fortune plus que suffisante pour en répondre (1).

Ce 10 Fructidor.

---

(1) Je suis sûr que la seule ville de Lyon en produiroit pour plus de 20 millions, Rouen pareille somme, et Lille de même, etc. J'indiquerai les moyens, dans le Mémoire suivant, de faire souscrire les principaux banquiers, négocians, capitalistes, en leur prouvant qu'ils ne courent aucun risque quelconque, en venant au secours de la chose publique, puisqu'ils payeront avec la vente des biens nationaux, et en reconnoissance, ils recevront de la nation cinq pour cent du capital, et ils seront intéressés chacun au *pro-rata* de leurs mises dans les opérations et négociations *particulières* de la caisse d'escompte, qui peuvent devenir très-considérables sous un régime républicain.

N. B. Cette feuille étoit composée; on en avoit même déjà tiré cinquante exemplaires pour les *Comités* de Salut Public et des Finances, lorsque j'ai reçu des renseignemens qu'on m'assure être exacts, sur la quantité réelle d'assignats existante dans la circulation. Le 5 Fructidor, on en avoit émis ou fabriqué pour 19 milliards 500 millions; sur ce nombre, il en existoit trois milliards à la trésorerie nationale; comme on en a retiré de la circulation *trois* milliards, qui ont été brûlés, il n'en existoit donc, le 5 de ce mois, que 16 milliards. J'ignore ce qui en a été fabriqué depuis. Supposons deux milliards; il en existe donc 18 milliards, comme je l'ai établi page 5 de ce Mémoire. Or, si l'on m'a dit la vérité, il faut en retirer, par le moyen que j'indique, 16 milliards, et n'en laisser que deux au plus dans la circulation. Cette retiration, je le répète, sous aucun rapport, ne nuit à personne, et même favorise chacun des propriétaires, puisque la Convention nationale les retire sur le taux de 1 à 30, et qu'aujourd'hui l'agio est comme 1 à 50—52; puisqu'on donne pour un louis à la Bourse 1250 livres. Supposons 1200 livres : il est clair que 300 mille livres ne rendront en louis que 6000 livres, et que la convention payera 10,000 livres, et cela nous paroît de sa part une justice; car on a plus de choses, de denrées, de comestibles avec 300 mille livres en assignats, qu'avec 10,000 livres en or : l'opération proposée ayant lieu, l'*agio* se trouve sur le champ anéanti par l'opération même; il n'existe plus alors de Bourse pour échanger les assignats restans contre de l'or; car, je le répète, l'or et l'assignat restant, sont la même chose; et ce dernier même lui sera préféré, puisqu'il n'existera que de petits assignats dont la valeur est *trentuplée*, comme je l'ai démontré, et que cela est de la plus grande évidence.

SUITE

SUITE
DU
NOUVEAU MÉMOIRE
SUR
LES ASSIGNATS.

Concernant l'établissement d'une nouvelle Caisse d'Escompte, *composée d'un fonds de* 400 *millions*, *savoir :* 300 *millions destinés à l'échange des* cédules *hypothécaires*, *et* 100 *millions pour le service particulier de la Caisse* ;

DEUXIÈME PARTIE.

L'ANCIENNE caisse d'escompte étoit un des plus utiles établissemens que l'on ait formés pour l'avantage du commerce, des arts et de l'industrie. Le génie malfaisant et dévastateur qui a régné sur la France pendant près de dix-huit mois, en a ordonné la suppression, comme de tant d'autres établissemens qui étoient la source de la prospérité de ce grand état, et qui le rendoit recommandable et tout-puissant aux yeux des nations de l'Europe.

L'ancienne caisse d'escompte étoit composée d'une société d'actionnaires qui firent un premier fonds, lequel fut augmenté successivement. On m'assure qu'il a été porté jusqu'à 300 millions. Les billets garantis par la société, émis dans la circulation, étoient de 3,000, 2,000, 1,000 livres et au-dessous.

Les banquiers, les négocians qui vouloient faire leurs paiemens à la caisse d'escompte en avoient la facilité. Chacun d'eux y avoit un compte ouvert, en débit et crédit. J'ai entendu dire que les écritures s'y tenoient avec un ordre admirable. L'exactitude rigoureuse y étoit réunie avec des formes simples et expéditives. Le négociant qui avoit à payer à la fin du mois étoit obligé de remettre ses fonds la veille. Celui-là qui n'avoit point de numéraire en caisse, trouvoit à le remplacer, en portant à la caisse d'escompte des lettres-de-change, acceptées et munies de signatures connues. Ces lettres-de-change, qui ne devoient point avoir plus de trois mois d'échéance, étoient escomptées à 4 et demi, 4 pour cent, suivant les circonstances politiques et les besoins plus ou moins grands de la bourse. C'est cette utile et ancienne caisse d'escompte que je propose de rétablir sur-le-champ et sur son ancien mode de constitution, avec les changemens et modifications que peuvent exiger les circonstances actuelles; et voici comment j'envisage la double utilité dont elle pourra être dans la retiration proposée de 14 milliards d'assignats, comme je l'ai indiqué ci-dessus.

J'imagine que la nouvelle caisse d'escompte devroit être composée d'un fonds de 400 millions, dont 300 millions pour le service de la trésorerie nationale et l'échange des *cédules* hypothécaires de 1,000 livres, représentant chacune 30,000 livres d'assignats.

Avec des cédules hypothécaires de 1,000 liv., portant intérêt de 40 liv. en numéraire, représentant chacune 30,000 liv. d'assignats, on peut payer des sommes de 30,000 liv., de 60,000 liv., de 90,000 liv.; mais on pourroit se trouver embarrassé pour payer de plus petites sommes, comme 500 liv., 1,000 liv., 1,500 liv., etc. Or, la caisse d'escompte donnera cette facilité; on ira porter à la trésorerie de cette caisse une cédule de 1,000 liv., on recevra en paiement à volonté quatre billets de caisse d'escompte de 250 liv., portant chacun 10 liv. d'intérêt; ou huit billets de ladite caisse, de 125 liv., portant chacun 5 liv. d'intérêt. Les premiers indiqueroient au bas : le porteur a remis au trésor national 7,500 liv. en *assignats;* les seconds diroient que le porteur a remis 3,750 liv. en assignats; d'autres coupures auroient lieu par trentième, et l'on fourniroit à la caisse d'escompte trente billets de 33 liv. 6 sols 8 den., portant intérêt de 1 liv. 6 s. 8 d. pour une cédule hypothécaire de 1,000 l. Dans ces petits billets de caisse, on annonceroit que le porteur a remis 1,000 liv. en assignats à la trésorerie nationale. Voici ce qui résulte de ces opérations : employons encore un exemple pour être clair et précis.

Les assignats de 10,000 l. à 400 liv. compris, étant tous échangés à la trésorerie nationale et retirés de la circulation, celui qui possède 300,000 liv. en assignats, les a donc échangés contre dix cédules hypothécaires de 1,000 liv.; il va ensuite à la caisse d'escompte et échange à sa volonté les dix cédules, ou quelques-unes de ces cédules contre des billets de la caisse d'escompte, dans les trois formes indiquées ci-dessus, savoir :

250 *liv.* intérêt 10 *liv.* représentent en assignats 7500 *liv.*
125 *liv.* . . . . . 5 *liv.* . . . . 3750 *liv.*
33 *liv.* . . . . . » 6 *s.* 8 *d.* (1) . . . . 1000 *liv.* (2)

(1) 33 *liv.* 6 *s.* 8 *d.* multipliés par 30, produisent 1000 *liv.*

(2) On joindroit un billet séparé de *caisse d'escompte* pour les intérêts, ou plutôt, on paieroit ce petit intérêt *comptant* à la caisse lors de l'échange de la *cédule* de 1000 *liv.*

Les cédules échangées à la caisse d'escompte seroient remises à la trésorerie nationale pour être brûlées, car il ne faut point de double titre. La cédule et le billet de caisse d'escompte dans les formes indiquées ne sont faits que pour être échangés.

Le crédit que la caisse d'escompte ouvriroit à la trésorerie nationale seroit de 300 millions ; car il ne faut pas que le service courant soit interrompu ; mais tout redevenant au pair par l'opération que j'indique, denrées, marchandises, etc.; la Convention, dans la supposition de la continuation de la guerre, n'auroit à payer les objets que le trentième de ce qu'elle les paie aujourd'hui : pour elle, comme pour les particuliers, l'assignat de 10 s. vaudroit 15 l., celui de 5 liv. 150 liv., etc. ; tout cela est de la dernière évidence, si l'on a bien compris ce que j'ai dit précédemment.

La Convention nationale, si elle admettoit ce plan, seroit obligé de faire suspendre sur-le-champ la vente de tous les biens nationaux quelconques, et cela devient indispensablement nécessaire pour fonder la confiance du public et établir le crédit de la nouvelle caisse d'escompte; car, tout étant actuellement dans le plus grand discrédit, par des fautes faites même dans le sein de la Convention et l'imprudence de plusieurs de ses membres, on ne peut tout remettre dans l'ordre et l'équilibre que par une conduite sage et réfléchie, des plans bien combinés et une observation religieuse dans les nouveaux engagemens ou arrangemens que l'on prendra.

La caisse d'escompte peut seule rétablir le crédit public; ce rétablissement n'est plus au pouvoir de la trésorerie nationale, dont les erreurs multipliées des chefs, peut-être commandées par des circonstances malheureuses, a perdu toute confiance dans l'opinion publique, tant par une administration vicieuse, que par une dilapidation scandaleuse, dont aucun état ne pourroit présenter un plus douloureux tableau.

Une caisse d'escompte bien ordonnée, bien dirigée peut donc seule sauver l'état et réparer les désordres des finances; mais les capitalistes, anciens financiers, banquiers, commerçans, gens riches, ne fourniront leur crédit et leur argent à l'état, qu'autant que la Convention leur donnera une bonne et sûre garantie, et cette garantie ne peut être moindre de 600 millions de biens nationaux, pour 300 millions de billets de caisse d'escompte.

Les directeurs de ladite caisse d'escompte nommeroient un conseil pour faire la vente de ces biens nationaux au prix le plus avantageux possible, et une sage et sévère administration ayant lieu, il seroit possible que deux cents millions de biens nationaux, au prix de l'ancienne estimation, fussent plus que suffisans pour couvrir les trois cents millions de la caisse d'escompte; le surplus desdits biens nationaux seroit rendu au trésor public; ou le conseil de la caisse d'escompte en continueroit la vente au profit du trésor public.

Je crois maintenant inutile d'étendre plus loin ces vues; tout ce qui concerne la manutention de la caisse d'escompte étant connu d'ancienne date, cette caisse continueroit le service des banquiers, des négocians, et de cent autres objets, qui peuvent devenir le but utile d'un pareil établissement, comme elle l'a fait lors de sa première existence.

Je ne crois pas nécessaire de mettre ici la forme que doivent avoir les billets de la nouvelle caisse d'escompte, devant servir à *être échangés contre les cédules de mille livres*: tout cela est trop facile à être exécuté, pour qu'il soit nécessaire d'entrer dans ces détails.

J'observerai seulement que ces billets de caisse d'escompte *d'échange*, doivent être différens des billets connus de la caisse d'escompte; car les premiers portent intérêt, et les seconds circulent sans aucun intérêt.

Si quelqu'un a à proposer un plan plus simple et d'une exécution plus facile, je lui rendrai hommage avec plaisir; je n'aurai pas même à regretter le temps que j'aurai perdu, en voulant servir la chose publique. Est-ce même un temps perdu que celui que l'on consacre, (quand même on ne réussiroit pas), à servir sa patrie dans le malheur? car qui pourroit se déguiser que nos maux ne soient très-réels et très-grands. Cinq années sont écoulées, et nous avons été témoins d'horreurs, de massacres, de pillages, de dilapidations, de fureurs exaltées, portées à un degré dont l'histoire n'offre aucun exemple. Que nous importe ces brillantes conquêtes, si nous n'avons pas la paix intérieure, le calme et la tranquillité dans le sein de nos familles, si chacun de nous est obligé de vendre ses effets pour vivre et élever ses enfans? Cette troisième constitution, arrosée de tant de larmes amères; ces nouvelles loix simples, sages, sublimes, si l'on veut, ne sont cependant que des feuilles de chêne; la liberté, l'égalité, de vains noms; si un gouvernement ferme, vigoureux n'a pas la puissance de les faire exécuter, en les faisant respecter de tous. La restauration complette des finances peut seule consolider ce gouvernement desiré, amener une paix prochaine, faire plier les factions sous le glaive de la loi, et en remettant toutes les choses de niveau, et les marchandises et les denrées à un prix même inférieur à celui de 89, cette restauration, dis-je, pourra rendre la Convention nationale et la quatrième législature l'amour et l'idole du peuple français, et la terreur de nos ennemis.

P. S. Quant aux moyens à employer pour engager les ci-devant financiers, banquiers, capitalistes, agens de change, soit de France, soit étrangers, à se réunir pour faire un fonds de 400 millions, on ne peut traiter cet objet qu'en particulier ; mais comme il n'y aura pour chacun d'eux aucun risque quelconque à courir, et qu'au contraire il en résulte pour tous les sociétaires un double avantage, celui d'un intérêt de cinq pour cent pour leur crédit, et d'un intérêt dans les bénéfices des opérations de ladite caisse, je ne puis douter qu'en réunissant les formes anciennes à celles que prescrivent les circonstances, cette association ne fût aussi prompte que rapide ; que l'empressement même pour souscrire ne fût immense; car de risques, je le répète, il n'y en a aucun à courir sous aucune vue quelconque. La seule objection que l'on pourroit faire, c'est que les billets de la caisse d'escompte ne pourroient point être sur-le-champ convertis en argent, et que tout papier monnoie qu'on ne peut réaliser laisse toujours dans l'esprit des propriétaires une sorte de défiance. Cette objection seroit fondée, si les billets de la caisse d'escompte n'étoient hypothéqués sur des biens réels, garantis par des milliers de signataires, tous solidaires, eux-mêmes garantis par le double de valeurs en biens nationaux, billets portant tous intérêts, remboursables dans trois ans en numéraire, et valant certes mieux que du numéraire; car l'or, l'argent qui ne circulent pas ne rapportent point d'intérêt, et la cédule et le billet de la caisse d'escompte, destinés à *l'échange*, en rapportent.

PROJET DE DÉCRET.

1°. A compter de ce jour, toute vente quelconque de biens nationaux est suspendue.

2°. La Convention accepte la proposition faite au nom des anciens banquiers, des financiers, négocians, marchands, capitalistes, de fournir au trésor national trois cents millions, en billets d'une nouvelle caisse d'escompte, dont elle autorise l'établissement. (1)

3°. Pour assurer la garantie et le paiement desdits billets, elle transporte et substitue en son lieu et place lesdits financiers, banquiers, etc. pour 600 millions de biens nationaux, à leur choix; autorisant les susdits à les vendre dans la meilleure forme qu'ils jugeront convenable, et dont le produit servira à mesure à acquitter les billets de caisse, et lorsque la liquidation entière en sera faite, les biens nationaux restans seront remis aux mains de la nation, ou vendus par lesdits financiers-capitalistes à son profit, et la Convention, au nom de la patrie reconnoissante, pour exprimer auxdits banquiers, financiers combien elle est touchée de leurs affections envers elle, leur alloue la somme de deux pour cent sur les ventes, et cinq pour cent d'intérêt sur les 300 millions de billets.

(1) Ces billets seront solidaires, porteront intérêt à 4 pour 100; certes, point de valeur plus sûre au monde, et ces 300 millions multipliés par 30 représentent bien neuf milliards. On observe que l'agio est aujourd'hui (11 Vendémiaire, an 4.) comme de 1 à 50, il faut 1250 livres en assignats pour 24 livres en or, et la nation reprend les assignats sur le pied de 1 à 30.

4°. A compter de ce jour, tous les paiemens quelconques, soit rentes, soit billets, lettres-de-changes, sont remis à un mois; ainsi, celui qui auroit cent mille écus à payer aujourd'hui, 11 vendémiaire, an 4e de la République, ne sera tenu de les payer que le 11 du mois prochain.

5°. Il sera dressé, sous l'espace de deux mois, un état bien authentique de l'actif et du passif de l'état.

Cet état est indispensable pour établir la confiance; il faut y mettre de la bonne foi, en charger une commission *ad hoc*, composée de membres les plus instruits dans cette partie et les plus purs de la république. C'est ici la pierre de touche de toutes les opérations. L'état, dans ce moment de crise cruelle, est comme un particulier dont le crédit seroit en souffrance; veut-t'on le rétablir? il faut connoître sa véritable situation. Cette espèce de bilan de la république doit être composé, ce me semble, de cinq objets distincts; 1°. des biens composant ce qu'on appeloit le domaine de la couronne; 2°. des forêts nationales; 3°. des biens restans du clergé; 4°. des biens et immeubles restans à vendre des émigrés; 5°. des sommes dues par les particuliers pour précédentes acquisitions.

Il seroit convenable d'y joindre un *apperçu* des revenus de l'état, du produit des contributions, des patentes et d'autres droits que perçoit la république. Je n'ai sur tout cela que des notions vagues et très-confuses. Je n'en dirai pas davantage à ce sujet; mais je suis persuadé que les cinq objets ci-dessus désignés forment une somme en numéraire de plus de dix milliards, qui multipliés seulement par 30, représentent en valeur nominale ou assignats, une somme de 300 milliards; de sorte que, si l'on y étoit forcé, ou on pourroit continuer la guerre encore pendant 5 à 6 ans, sans être obligé d'en venir à une odieuse banqueroute, dont quelques personnes osent cependant prononcer le nom, n'envisageant pas probablement les malheurs affreux dans lesquels entraîneroit une résolution aussi criminelle.

6°. Le gouvernement ne pourra jamais s'immiscer ni directement ni indirectement dans les affaires particulières de la caisse d'escompte; il n'y aura actuellement de rapport que pour les 300 millions à lui fournir, tant pour le service courant que pour l'échange des cédules de 1,000 liv.; et à cet effet, il sera nommé, par le gouvernement ou la législature, deux à quatre commissaires qui travailleront et s'accorderont avec pareil nombre de commissaires nommés par les directeurs-chefs de ladite caisse d'escompte.

7°. Les cédules, les coupures de cédules, les billets de la caisse d'escompte, soit ceux destinés à être échangés, soit ceux du service particulier de ladite caisse, auront cours de monnoie et seront reçus dans tous les paiemens quelconques, comme l'or et l'argent et chaque cédule ou billet de caisse sera reçu en paiement au taux du montant des *assignats* qui y sont désignés; ainsi, avec une cédule de 1,000 liv., on acquittera 30,000 liv.; avec un billet de caisse d'escompte de 250 liv., on acquittera 7,500 liv., etc.

8°. Toute association de particuliers sera autorisée à créer des banques et autres établissemens quelconques, tendans à activer les arts, l'industrie, le commerce, tels que ceux dont j'ai donné les plans dans mon deuxième mémoire sur les assignats, ou autres semblables, le gouvernement promettant de ne jamais se méler ni directement ni indirectement dans ces associations. Les actionnaires seront tenus à fournir bonne et valable caution.

En Ecosse, il y a nombre de petites banques particulières; les papiers ayant cours de monnoie, y sont très-multipliés; on les préfère à l'argent, parce qu'il règne dans ces banques beaucoup de bonne foi. Tout le monde sait qu'à Londres les billets de banque y sont préférés aux guinées. On trouve par-tout à les échanger moyennant quelques *schellings*, et on évite par-là une course à la trésorerie nationale.

9°. Les contrefacteurs des actes, contrats dits *cédules*, des billets de la nouvelle caisse d'escompte ou de tous autres billets provenant d'associations particulières, seront punis comme ceux qui contrefont les *assignats*.

Ce mot *cédule* est ancien ; il étoit souvent employé dans l'ancien régime et signifie acte, contrat ; en effet, l'échange des assignats contre des cédules ressemble parfaitement à un acte ou contrat qui seroit passé chez un notaire, où un porteur d'assignats voulant les réaliser en argent, demanderoit hypothèque, privilège sur des biens-fonds à celui auquel il en feroit cession ; la nation, dans l'échange des assignats contre des cédules, est le *notaire* ; les biens nationaux sont le privilège, l'hypothèque du petit acte dit *cédule*.

10°. La Convention ne déroge en rien par le présent au dernier qu'elle a rendu, par lequel le remboursement des rentes anciennes créées avant 1792 est suspendu.

N. B. On m'assure que je me suis trompé dans la première partie de ce mémoire, en supposant que notre dette en *rente foncière* et *viagère* étoit de 300 millions, toute notre dette consolidée, y compris les rentes viagères réduites en perpétuel par le calcul, ne passe pas 200 millions de rente annuelle, qui, au denier 20, ou à 5 pour cent, font un capital de 4 milliards ; ajoutons y deux milliards (1) en valeur métalliqne pour les milliards d'assignats en circulation, et, c'est caver, au plus fort, nous aurons une dette consolidée de 6 milliards, ce qui ne présente rien d'effrayant, puisque nous avons près de dix milliards de biens nationaux restans, évalués en numéraire ; et sous un

(1) Voyez une brochure intitulée, *Donnons notre billan* ; on l'attribue au citoyen le C. de C... ; d'autres à St.-A... Je n'en ai eu connoissance que lorsque ce mémoire étoit prêt à être tiré.

autre point de vue, il faut considérer que le terrein de la France est aujourd'hui plus du quadruple en étendue que le territoire anglais, notre population est aussi quadruple; et les Anglais cependant ne sont point effrayés d'une dette égale à la nôtre, et elle est aujourd'hui de plus de six milliards, et uniquement hypothéquée sur les brouillards de la Tamise. Ne sommes nous pas, comme eux, actifs, industrieux, possédant un sol supérieur au leur, et, s'il est permis de le dire, je voudrois qu'on tentât tout pour faire la paix avec cette nation fière, grande, belliqueuse, célèbre par son activité, son commerce, son génie, une foule de grands hommes qu'elle a produits en tout genre; sans doute qu'il ne faut point lui laisser l'empire des mers, elles doivent être libres à toutes les nations; mais on peut en partager la souveraineté avec elle. Les Anglais, personne n'en peut douter, sont aussi las que nous de répandre le sang de leurs semblables; de nous faire réciproquement un mal affreux. Et vous, milord Landwsoune, milord Vicombe, son fils, il est digne de vos ames généreuses, véritablement républicaines de vous intéresser à ce grand ouvrage; de faire entendre raison à Pitt, de l'engager à oublier le ressentiment de tant d'outrages particuliers que nos imprudens et fougueux journalistes ont vomi contre lui. Cet état de guerre est vraiment infernal; faisons vîte la paix; vendons aux Anglois force vin de *Bourgogne*, de *Bordeaux*, de *Champagne*; envoyons leur de nos modes, de nos riches et somptueuses bagatelles, et tirons d'eux du café et du sucre, (1) des draps,

(1) En donnant au nègres la liberté tout d'un coup, on a fait un mal affreux : on a déchaîné des tigres qu'on tenoit enchaînés; ils ont égorgé leurs maîtres, pillé, brûlé leurs propriétés; il ne fal-

de la quincaillerie de toute espèce ; entendons-nous, concilions-nous, cela vaut mieux que de se battre : et vous, milords, dont le souvenir me sera toujours cher, vous qui m'avez fêté, accueilli dans cette belle terre de *Boad*, l'admiration des étrangers, vous qui ne pouvez vous retracer, sans un vif sentiment de douleur, le tableau déchirant des maux qu'à entraînés cette révolution, la plus belle, la plus mémorable, et en même tems la plus sanglante, la plus horrible, et la plus infernale de toutes les révolutions qui aient désolé la terre, ne soyez pas sourd à ma voix. Votre digne et vertueux (1) monarque souffre de cet état cruel. Soyez les négociateurs d'une paix honorable et durable entre les deux nations les plus grandes et les plus puissantes de la terre.

Nota. Il est inutile de donner ici la suite des décrets que cette opération exige. Tout ce qui pourra faciliter le service du gouvernement et des particuliers sera mis en activité par la Convention, qui ne peut avoir d'autre but dans ses pénibles travaux que de réparer les malheurs de la nation, et de la faire promptement jouir de la paix et du bonheur dont elle est digne.

---

loit les rendre libres que successivement, et après les avoir éclairés. L'établissement d'*écoles primaires* devoit précéder les décrets sur la *liberté*, *l'égalité*. On ne pourra établir la république sur des fondemens stables et fixes que par elles. Instruisez, éclairez le peuple ; apprenez-lui à connoître ses *devoirs*, avant de lui parler de ses *droits*. Le peuple est comme le méchant qu'*Hobbes* définit : *malus est puer robustus*. Le méchant n'est qu'un enfant robuste ; et le peuple non-instruit, non éclairé, est-il autre chose qu'un enfant robuste.

(1) Ce prince est adoré et mérite de l'être. Il a fait dix-huit enfans à sa femme ; cela seul prouveroit qu'il est bon, et très-bon, car quand on aime ses enfans, on aime son peuple. Un monarque, s'il entend ses intérêts, n'en doit être que le père.

RÉSUMÉ,

OU

TABLEAU de toutes les opérations qui sont nécessaires pour convertir finalement l'assignat en numéraire, ou en valeurs équivalentes à du numéraire, et qui même lui seront préférées.

PREMIÈRE OPÉRATION.

On retirera de la circulation tous les assignats de 10,000 liv. et au-dessous (1), jusques et *compris* ceux de 400 liv. On les échangera à la trésorerie nationale contre des contrats dits *cédules*, portant intérêt de quatre pour cent.

30,000 liv. en assignats désignés ci-dessus se convertiront en un *contrat* de 1,000 liv. portant 40 liv. de rente, qui seront payées en numéraire. Ce contrat de 1,000 liv. se donnera en paiement pour 30,000 liv. d'obligations contractées en monnoie courante, et il aura cours comme monnoie.

Par cette première opération, il ne reste donc plus en circulation que deux milliards de petits assignats, et 333 millions de contrats ou cédules (si on n'a retiré que dix milliards, comme je le dis (page 10), si on en

(1) Quand je dis qu'on ne retirera de la circulation que les assignats de 10,000 liv. jusques et compris ceux de 400 liv., je suppose que les assignats de 10 s. et au-dessus, jusqu'à ceux de 400 liv. *non compris*, ne forment en masse qu'une somme de deux milliards au plus. Je n'ai point de connoissance positive à cet égard ; si ces petits assignats formoient plus de deux milliards, il faudroit retirer ceux de 250 liv. 125 liv. etc.

retire 15 milliards, il y aura en circulation 499 millions de cédules, etc.) qui, jointes à un milliard de numéraire, et deux milliards de petits assignats suffisent pour toutes les opérations financières et commerciales.

Il résulte encore de cette première opération, comme je l'ai déjà dit, que l'assignat restant, devenant sur-le-champ au pair de l'argent, *trentuple* de valeur. 10 s. valent 15 liv., 5 liv. valent 150 liv., c'est-à-dire, qu'on fait alors avec le billet de 10 s. la même chose qu'on fait aujourd'hui avec 15 liv.; et cela est d'une évidence rigoureuse.

Deuxième opération.

La caisse d'escompte étant formée, les propriétaires ou porteurs des cédules de 1,000 liv. iront les échanger au trésor de cette caisse, contre 4 billets de caisse, ou 8, ou 30 desdits billets, ayant la forme indiquée (pag. 19). Au bout de quelques mois, il ne devra plus exister dans la circulation que les petits assignats de 10 s., 1 liv. 5 s., et 2 liv. 10 s., etc. A l'instant où toutes les *cédules* de 30,000 liv. auront été échangées, ce sera alors le moment de retirer de la circulation tous les petits assignats, en les échangeant contre des billets de caisse de 10 liv., 25 liv., etc. Les petits assignats de 10 s., 1 liv. 5 sous, de 2 liv. 10 sous, ayant disparu, l'argent monnoyé sortira des coffres de l'avarice. L'*assignat* doit totalement disparoître; il est tombé dans un trop grand discrédit, pour en laisser même subsister le nom (1).

(1) Cela justifie la prédiction de *Vandermonde*, de l'Académie des Sciences, professeur d'économie politique aux Ecoles normales. Ce géomètre ne ressemble point à celui qui, entendant une tragédie de Racine, disoit : *Qu'est-ce que cela prouve?* Il paroît

Troisième opération.

La vente des biens nationaux ayant lieu successivement, on les paiera avec des billets de caisse ; cette vente ne devroit point avoir lieu que la totalité des cédules ne fût échangée. Ces billets de caisse donnés en paiement se verseront dans le trésor de la caisse d'escompte ; on les brûlera tous les mois, ou on les mettra en réserve pour la circulation, si la guerre se prolongeoit, et forçoit les anciens financiers, banquiers, etc. à continuer leur crédit pendant plusieurs années. Dans le cas contraire, et celui-ci est bien plus présumable que l'autre, toutes les nations étant fatiguées de la guerre, les billets de caisse seront anéantis ; le crédit accordé par les financiers, banquiers, s'éteindra à mesure que les billets de caisse, donnés en échange des cédules et des petits assignats, seront brûlés, et bientôt tout reprenant le niveau, avec de la patience et du tems, sans secousse, la balance du commerce étant en notre faveur, le numéraire augmentera, et il n'y aura plus dans la circulation, ni *cédules*, ni petits assignats, ni billets de la caisse d'es-

posséder supérieurement l'art de mystifier ses auditeurs ; car on ne peut regarder que comme une mystification, une vive raillerie, ce qu'il dit de l'assignat (tom. 2, p. 456, du *Journal des Ecoles normales*. « L'assignat est un mandat payable en terres : quand on » lui a assimilé le papier des Américains, c'est faute d'avoir ré» fléchi. Le papier d'Amérique etoit payable en argent ; c'étoit un » mandat payable en argent : cela ne ressemble en rien à un » mandat payable en terres. *J'exposerai mes raisons, pour pré» tendre que l'assignat subsistera à jamais, qu'il sera la monnoie » de l'Europe et du monde, et que c'est véritablement une grande » découverte* ».

compte

compte de la première classe (1), portant point intérêt, ceux uniquement destinés au service du commerce, alors pourront être échangés à volonté contre du numéraire, et le crédit venant à augmenter par un régime juste, sage et ferme, ces billets de caisse seront certainement préférés à l'or, par la raison que les paiemens se font avec beaucoup plus de facilité en papier qu'en argent.

Je n'étendrai pas plus loin ces détails ; je ne me permettrai plus que quelques réflexions. Le mal est à son comble ; il est urgent d'y apporter remède ; si celui que je viens d'indiquer n'est pas bon, qu'on en donne donc un meilleur. Une nation qui dépense deux milliards par mois (à la vérité en assignats, mais faisant en numéraire 50 millions en trente jours, ou 600 millions par an, en comptant sur le pied de 1 à 40, et l'argent est aujourd'hui comme de 24 à 1,200 environ, ou comme 1 a 50, ce qui excède de près de deux tiers par an ce qu'il en coûtoit dans les guerres précédentes que la nation a eu à soutenir) ne doit pas être sans inquiétude sur son sort à venir ; car deux milliards par mois font 66,666,666 par jour, et par heure, 2,777,777 liv. en assignats ; et je ne crois pas que, depuis la naissance des empires, aucune nation ait été entraînée dans une plus forte dépense, et ait aussi soutenu avec plus d'éclat les attaques de tant de puissances liguées contre elle, et que, dans un si court espace, il ait été donné à l'univers étonné un spectacle

(1) Quand j'ai avancé que ces billets de la seconde classe ne formeroient que cent millions, je n'ai point prétendu dire une chose absolu ; les besoins du commerce, des arts, de l'industrie, peuvent seuls déterminer cette quotité.

plus grand, plus majestueux, plus terrible, et plus destructeur à-la-fois.

Pour consolider le nouvel état des choses, affermir la république, il ne suffit pas seulement que les finances soient restaurées, il faut encore que le peuple souverain connoisse ses devoirs, veuille se soumettre à la loi, respecter les ministres, les magistrats, les fonctionnaires publics; il faut qu'il revienne de ces nombreuses erreurs dans lesquelles d'horribles factieux l'ont entraîné; qu'il prenne des idées sages de sa position, du bonheur qu'on lui prépare : si lui même ne veut se précipiter en aveugle au-devant de nouveaux fers, il faut qu'il se forme des idées vraies de ce qu'on appelle *liberté, égalité* dans l'état social, qui diffèrent autant de la liberté et de l'égalité dans l'état de nature ou sauvage, que du blanc au noir. Il faut qu'il permette qu'on lui dise que la *liberté* dans une société libre, dans une république, est un état de gêne, de contrainte perpétuelle. Ce gouvernement exige le sacrifice continu de notre liberté naturelle (1), de notre volonté individuelle, de nos desirs, de nos caprices, de nos fantaisies, de notre intérêt, pour ne laisser à chacun de nous que le *droit de faire tout ce que la loi permet.* Le Français libre ne doit *reconnoître* que la loi, n'*obéir* qu'à la loi; elle doit être la règle de ses devoirs, de toutes ses actions. Dans une république bien organisée, la loi seule commande, ordonne, dirige. Dans toute autre espèce de gouvernement, elle est souvent méconnue; le caprice du maître, des grands, des

---

(1) J'ai publié, dans l'Encyclopédie, un Discours sur la *liberté individuelle.* (Voyez *le Dictionnaire de logique et de métaphysique de l'Encyclopédie, et ma Grammaire élémentaire et mécanique.*) *Qui vient de remporter le premier prix.*

ministres, des courtisans, devient la règle, et fonde enfin la tyrannie.

Sous d'autres rapports, la *liberté*, dans un état libre, où la loi est en vigueur et règne seule, *ne peut consister qu'à faire tout ce qui ne nuit point aux autres.* On peut dire, penser, écrire tout ce que l'on veut, pourvu qu'on ne blesse personne; l'écrivain qui se respecte, n'écrira d'un corps, d'un individu que ce qu'il se permettroit de leur dire en face. Quels sont donc les avantages de cette liberté si préconisée, pour laquelle nous avons répandu et répandons encore des flots de sang? C'est d'être protégé par la loi, de n'avoir à répondre qu'à elle de nos actions, de nos discours; c'est de n'avoir rien à craindre, à redouter d'aucun individu quelconque, sous quelque rapport que ce soit de naissance, de rang, de fortune; c'est d'avoir enfin sa *personne* et ses *propriétés* sous la sauvegarde des lois; mais ce ne peut être le droit de médire, de calomnier, de manquer d'égards, d'obéissance aux chefs du gouvernement, aux gens en place, et de se livrer à toutes ses passions.

L'*égalité*, de même, ne consiste qu'à ne dépendre que de la loi; à ne craindre, ne redouter qui que ce soit, en remplissant ses devoirs; à pouvoir parvenir à toutes les places, lorsque le talent, l'éducation et la vertu nous en donnent le droit. Toute autre *égalité* est destructive de l'ordre social, qui n'est même établi que pour *protéger l'inégalité*, le pauvre contre le riche, le foible contre le fort, l'innocence contre le crime; les propriétés qui toutes, dans la société, sont nécessairement *inégales*, ainsi que le *talent*, l'*industrie* et le *mérite*, *inégalement* répartis entre les différens individus. Ce ne sont pas là les maximes de Robespierre et de ses complices, mais celle de tous les vrais amis du peuple, dont malheureusement, pour ses propres intérêts, il a trop tard écouté la voix.

Paris, premier vendémiaire, an quatrième de la République française.

RELEVÉ

DE QUELQUES ERREURS.

PAGE 10, ligne 26, on lit : Peut-être même que ce décret n'est pas nécessaire. *Ce decret est nécessaire, indispensable*; parce que nous ne sommes pas raisonnables, et que les malheurs affreux que nous avons éprouvés ne nous ont pas même corrigés. Nous jouons *notre liberté*, celle de l'Europe entière, à pair ou non. Cependant nous devrions y faire une sérieuse attention. Vaincus, nous devenons esclaves, nous nous replaçons sous le glaive de la plus cruelle tyrannie pour des milliers de siècles. Les rois, les nobles, les prêtres exerceront sur nous, sur nos enfans, la plus cruelle vengeance. Ils feront leur métier, parce que nous n'aurons pas su faire le nôtre. Il s'établira un gouvernement despotique chez tous les rois de la terre ; l'imprimerie sera détruite ; les moines dominateurs rétabliront tôt ou tard la terrible inquisition ; le trône et l'autel, qui ont toujours marché d'accord pour asservir les peuples, resserront leurs liaisons de plus en plus. Le trône et l'autel ont-t'ils, dans aucun tems, manqué de moyens, de ressources pour tromper et asservir la trop crédule et foible espèce humaine ? Un peuple souverain, qui n'a pas encore fait son éducation, doit être continuellement en garde contre les *meneurs*, les *orateurs vocifères*, les *flatteurs*, les *courtisans* des sections, des assemblées primaires. Il ne doit pas vouloir assommer ceux qui ont le courage de lui dire la vérité. (J'en ai été menacé à ma section, parce que lui ayant avancé trois faits faux le matin, je suis venu me retracter l'après-dîner.) Il est tems que le souverain connoisse enfin ses vrais amis, dont il en a vu périr, avec une si froide et si criminelle indifférence, plus de cent mille, ou à la guillotine, ou dans d'affreux cachots. Les infâmes scélérats (les Marat, les Robespierre, etc.) qui gouvernoient alors la France, se disoient *ses amis*, *son appui*, et ils étoient parvenus à lui persuader que ces innocèntes et illustres victimes étoient ses ennemis, tandis qu'elles étoient son appui, sa consolation, et toujours prêtes à tout sacrifier pour son bonheur.

Ombres heureuses et immortelles des *Malesherbes*, des *Trudaine*, des *Ingram*, des *Larochefoucault*, des *Dormesson*, des *Vidaut-de-la-Tour*, les plus vertueux des magistrats; de la citoyenne *Roland*, de cette femme à jamais célèbre par son amabilité, ses connoissances, ses vertus, son courage héroïque; ombres des citoyennes *Narbonne*, *Marbœuf* et de mille autres, il me semble tous vous voir en présence de l'Eternel lui rendre vos hommages, et le prier de répandre ses graces et ses bénédictions sur cette France, aujourd'hui si malheureuse; sur ce peuple souverain égaré, qui a pu voir périr avec indifférence tout ce que la vertu, les sciences et les arts ont eu de plus aimable et de plus respectable. Aujourd'hui, le vrai républicain pleure, gémit, regrette ses vrais amis qu'il a perdus, et qui prient pour lui dans ces plaines fortunées de l'Elysée, afin de lui procurer une destinée plus heureuse que celles qu'il a eue jusqu'à présent; et cette destinée ne peut avoir lieu, s'il ne perfectionne son éducation par les écoles primaires, qui seules peuvent consolider le nouveau gouvernement qu'il vient d'adopter et qui va être en activité. Ce ne sera qu'en armant les nouveaux ministres d'un pouvoir *sévère* que la constitution pourra marcher, et que chacun reconnoissant la loi pour seul maître et pour guide, jouira enfin de la *liberté* et de l'*égalité*, les plus précieux, les plus inestimables de tous les biens sur la terre.

La querelle qui s'est élevée et le combat qui vient de se donner entre la convention et quelques sections de Paris, sont bien une preuve de notre inconcevable légèreté.

Le premier prairial, des sections s'arment pour sauver la convention en danger, et la sauvent; le 13 vendémiaire, an 4e, ces mêmes sections, entraînées par des meneurs, s'arment pour sa destruction, mais ces sections avoient-t'elles bien reflèchi aux suites désastreuses de la réussite de ce projet, si elles eussent malheureusement été victorieuses.

J'ai mis à la fin de ce Mémoire le tableau des suites désastreuses du 31 mai; celui qu'on peut se figurer de la destruction de la convention est mille fois plus horrible et plus sanglant. Un roi, supposons-le, eut été proclamé par une force armée et victorieuse. Hé bien! le lendemain un arrêt, sorti de son conseil, eut annullé tout ce qu a eu lieu depuis le commencement de la révolution. Le roi, les princes, les ministres, tous les grands, les nobles, le clergé, les prêtres, les moines eussent rentré dans leurs biens, dans leur état, dans leurs fonctions; chaque acquéreur eut été dépouillé; et comme on a vendu tout le mobilier, et du roi, et des nobles, et du clergé, on eut pris, pillé partout pour le remplacer. Les parlemens, les intendans, tous les anciens fonctionnaires publics, sous quelque nom que ce soit, eussent été rétablis; le désordre devenoit général, universel, et d'un bout du royaume à l'autre, chaque individu eut repris ses anciens droits, et comme tout a été culbuté, et finances, et marine, et artillerie, et militaire; toutes nos armées victorieuses, républicaines, et organisées sur un nouveau pied, généraux et soldats, eussent été licenciées. On eut perdu le fruit de cinq années de conquêtes brillantes, et dont l'histoire, dans ses époques les plus remarquables, n'offre aucun exemple. Le sang eut coulé par-tout, parce que par-tout on eut fait résistance pour défendre et sa personne et sa propriété; chaque général se seroit fait chef de parti; une épouvantable anarchie eut régné sur la France. Les meurtres, les massacres, les pillages, les dilapidations eussent recommencés, et dans les campagnes, et dans les villes. Paris et Versailles eussent vraisemblablement été pillés, détruits, saccagés, incendiés, et la proie du soldat. Ces deux villes, aux yeux de ces nouveaux tyrans, coupables dans la journée du 10 août et dans les suites de cette journée, eussent expiées leurs délits. Les haines intérieures, plutôt amorties qu'étouffées, se fussent renouvellées en tout lieu avec rage et fureur; vingt rois se seroient succédés et auroient été tour-à-tour égorgés, assassinés. Qu'ils sont donc imprudens, qu'ils ont peu refléchi ceux qui, dans l'état de choses actuelles, dans la fermentation où sont encore les esprits, pensent qu'ils peuvent venir tenir les rènes d'un gouvernement où bouillonnent, fermentent encore toutes les passions les plus exaspérées.

Et vous, royalistes, qui comptez pouvoir rentrer dans tous les biens que vous avez perdus par vos imprudences multipliées, vos résistances peu refléchies, vos plans mal combinés; vous qui comblez chaque jour la mesure de vos extrêmes malheurs par de nouvelles tentatives qui toutes tournent à votre destruction; vous espérez en vain de rétablir l'ancien ordre de choses. Comme vous, j'en ai été partisan; j'ai vu votre émigration avec douleur. J'ai adopté avec joie, transport la constitution d'une monarchie libre et représentative; j'y voyois le bonheur de ma nation, de mes concitoyens. Comme vous j'ai été persécuté, obligé de fuir trois fois pour me dérober aux fureurs de Robespierre, à la sanglante guillotine. Accusé de royalisme, d'aristocratie à Paris, j'ai été arrêté à Bologne (terre papale), et traité comme criminel d'Etat, sous prétexte que j'étois un démocrate déguisé; ayant failli d'être assassiné à Turin, à cause d'un collier aux trois couleurs, dont une dame avoit paré le cou d'une jolie levrette, et qui fit dire que, n'osant point porter les couleurs nationales à mon chapeau, je les faisois porter à ma chienne. Mais aujourd'hui, toute résistance, toute opposition me paroît une véritable démence, une extrême folie; resister, c'est envoyer de nouvelles victimes au supplice. Royalistes, quelle espérance avez-vous donc de pouvoir triompher, lorsque la *Prusse*, la *Belgique*, la *Hollande* et l'*Espagne* ont été forcés de céder, de reconnoître la république victorieuse et partout dominatrice. Cessez une pourfuite qui comble la mesure de vos maux; le sang de vos partisans n'a que trop coulé. Quelque sentiment qui vous anime dans la position cruelle où vous a plongé la destinée, cessez de défendre un parti aux abois; et croyez enfin que la mémorable journée du 13 vendémiaire est le dernier soupir du royalisme expirant.

(Je joins ici celui des *Suites désactreuses du trente-un mai*. Nous devrions en faire tapisser les murs de nos appartemens, afin d'avoir sans cesse présent à l'imagination ce qu'il en coûte aux nations pour s'insurger, et les résistances et les factions qu'ont à vaincre celles qui combattent pour la liberté.)

Page 12, on lit, ligne 25 : Il est dû, sur le grand livre, en rente foncière et viagère, 300 millions. *Il n'est dû que 200 millions*; car Cambon s'étant permis toutes sortes de réductions, et, ayant exercé la place de contrôleur des finances, avec une immoralité révoltante, a pris de toutes mains, sans jamais consulter le mal qui en résulteroit, n'ayant eu, en aucune considération, les rentiers dont on a eu l'indignité de ne point doubler, tripler les rentes, quoique cela fût de toute justice.

RÈPONSE

A QUELQUES OBJECTIONS.

La première partie de ce mémoire a paru le 25 fructidor. On n'a pas manqué de me faire des objections. Quelques personnes ont été peu touchées du procédé qu'auroit la Convention nationale dans l'échange de 1 à 30; tandis qu'aujourd'hui (6 vendémiaire an 4 de la république française) on ne trouve de l'argent à la bourse que dans les proportions de 1 à 47, 48. Il faut près de 1,200 liv. en assignats pour 24 liv. en or: cette énorme baisse, qui est le thermomètre de notre position politique, est constatée dans tous les journaux. Tel est le résultat d'une foule d'imprudences commises, et d'avoir éventé la mine, de n'avoir pas, connu ce qu'on appelle, le secret de l'état; des suites d'une guerre opiniâtre, sanglante, que nous avons suscitée, et qui, en nous enrichissant de vastes domaines, nous réduit presque tous à la mendicité, en nous faisant partager la honte d'un vil agiotage. Tout le monde s'est fait brocanteur; on achète, on revend; on spécule sur les livres, les curiosités, sur toutes les denrées qui n'ont pas augmenté en raison de la baisse des assignats. Ce sont ces petites spéculations que le besoin commande, qui font encore baisser l'assignat; cependant on trouve à en placer à deux, deux et demi pour cent; c'est d'une personne qui agiote en ce genre que m'est venue la première objection.

« Je ne trouve point, me disoit-elle, d'avantage dans

» cet échange de mes assignats contre des cédules, en
» donnant trente fois le montant d'une cédule, parce
» que je place encore mes assignats à deux pour cent,
» que 30,000 liv. me rapportent par an 600 liv., et que
» votre petit contrat, dit *cédule*, ne me rapportera
» que 40 liv. ce qui est fort différent. — N'avez-vous
» que cela à m'objecter, lui dis-je, eh bien! vous
» n'avez pas suivi mon plan; car il est prouvé que
» l'assignat de 10 s. vaudra 15 liv. Avec celui de 5 liv.,
» on aura autant de denrées, qu'on en a aujourd'hui
» avec 150 liv., donc il *trentuple* les 40 liv. de rente,
» ce qui fait 1,200 liv., et ce qui est bien différent
» de 600 liv. Mon homme fut confondu; et, comme
» il ne trouvoit d'autre objection à faire à mon plan,
» que celle qui contrarioit son intérêt, il finit par
» me dire qu'il en desiroit la plus prompte exécution.

Autre objection un peu plus sérieuse.

Dans la guerre que nous avons eu à soutenir jusqu'à présent, des négocians, des capitalistes de Hambourg, de Gênes, de Livourne, de Stockolm, et d'autres grandes villes commerçantes de l'Europe, nous ont aidé de leurs fonds, ont fait vivre nos armées, nous ont fourni des subsistances, du bois, du fer, etc. Il est dû, à cet égard, des sommes très-considérables. Une personne, qui prétend être intruite, m'assure qu'elles excèdent 30 millions en *numeraire*, ou un milliard 200 millions en *assignats*, en multipliant par 40. Ces étrangers demandent à être payées; ils ont même envoyé des commissaires à Paris; on leur a répondu qu'on n'avoit ni or ni argent (1) à leur donner ; on leur a offert des assignats dont ils ne veulent point, et cependant il est de toute justice de les payer ; rien ne me paroît plus facile : il ne faut que se concilier, voir nettement son objet, et sur-tout, en ne s'effrayant de rien ; de ne pas s'abandonner à la crainte du mal, pire cent fois que le mal même.

Si l'on a bien compris tout le jeu, tout le mouvement de l'échange des assignats contre des cédules, des cédules contre des billets de caisse d'escompte, de l'anéantissement de ces derniers à mesure de la vente des biens nationaux, on aura la solution de cette difficulté et de toutes celles semblables, car ces mêmes anciens financiers, banquiers, negocians, capitalistes, qui ont fait un fonds en *crédit* de 300 millions, voyant que ce crédit s'éteint à mesure par la vente successive des biens nationaux, s'empresseront de le renouveler, en leur donnant la même garantie, la même hypothèque, et c'est avec ce renouvellement de billets de caisse d'escompte, qu'on acquittera l'étranger dans un laps de tems très-court.

Mais, dira-t-on encore, cet étranger a fourni de l'or, il faut le payer en or, et vos billets de caisse d'escompte n'en sont pas ; vous ne pouvez pas à volonté les convertir en argent, et tout papier-monnoie qu'on ne peut pas à tout instant convertir en numéraire, doit nécessairement perdre de son crédit et bientôt s'anéantir. Il me semble que l'on trouve encore la solution de cette difficulté dans ce que j'ai

(1) Il n'existe pas à la trésorerie nationale plus de 50 millions en numéraire, et 3 milliards en assignats. Je n'ai point, au reste, de certitude à cet égard.

dit prédédemment ; car ce billet de caisse a une double garantie, 1°. des biens nationaux ; 2°. la signature de milliers de banquiers, capitalistes, les plus riches de la France et de l'Europe, et tous solidaires. Or, avec ces billets de caisse, si on ne peut pas d'abord les convertir tous en argent, on pourra du moins acquérir nos vins de Bourgogne, de Bordeaux, de Champagne, nos modes, tous nos objets de curiosité, d'art, d'industrie, etc. Or, le commerce se rétablissant entre toutes les nations ; ces étrangers, dont nous sommes les débiteurs, pourront, avec des billets de ladite caisse, acheter toutes ces denrées et les réaliser en or dans leur pays. Si ce n'est pas là une vraie solution, qu'on en donne une meilleure, et sur-tout qu'on ne rende pas ma nation, mon pays, l'exécration de la terre, en prononçant l'odieux mot de *banqueroute*, qui ne peut être proféré que par les ennemis du bonheur du peuple et de la République, qui ne souhaitent un bouleversement, une dévastation générale, que par esprit de vengeance, ou parce qu'ils conservent l'espérance de s'enrichir, en profitant des malheurs publics.

TABLEAU
DES
SUITES DÉSASTREUSES
DU TRENTE-UN MAI.

La guerre civile allumée..; Robespierre élevé au trône dictatorial.. ; la Convention mutilée, impuissante, subjuguée.. ; le règne de la terreur établi.. ; le proconsulat introduit.. ; tous les sentimens de la nature étouffés.. ; la liberté des actions, des paroles, de la presse enchaînée.. ; la probité, la vertu, la philosophie proscrites.. ; le commerce, les arts et les sciences anéantis.. ; le vandalisme et le brigandage couronnés.. ; la calomnie et la délation récompensées.. ; le maratisme déifié.. ; la fortune publique dilapidée.. ; le systême agraire professé.. ; la morale humaine corrompue .. ; la foi nationale violée .. ; les propriétés envahies.. ; de nombreux tribunaux de sang institués.. ; le droit de vie et de mort délégué aux êtres les plus féroces.. ; des milliers d'échafauds dressés .. ; quarante mille bastilles encombrées de prétendus prisonniers d'état .. ; la peste ravageant les prisons de l'Ouest.. ; la Vendée entretenue.. ; cent mille victimes suppliciées, foudroyées ou submergées.. ; trois cent mille défenseurs de l'unité conventionelle mis *hors la loi* d'un trait de plume ..; 600 mille vrais républicains forcés d'émigrer.. ; des millions de familles, de veuves, d'orphelins noyés dans les pleurs.. ; des départemens entiers passés au tranchant de l'épée et consumés par les flammes..; de vastes contrées n'offrant pour moissons que des ossemens et des ronces..; la vieillesse massacrée et brûlée sur son lit de douleur..; l'enfance égorgée dans le ventre maternel..; la virginité violée jusques dans les bras de la mort..; les monstres de l'Océan engraissés de chair humaine..; la LOIRE roulant plus de cadavres que de cailloux..; le RHÔNE et la SAÔNE changés en fleuve de sang..; VAUCLUSE en fontaine de larmes..; NANTES en tombeau..; PARIS, ARRAS, BORDEAUX, STRASBOURG, en boucheries..; LYON en ruines..; le MIDI en désert..; et la France entière en un vaste théatre d'horreur, de pillage et de meurtre.

(Tiré *des Mémoires d'un Détenu*, par *RIOUFFE*, Secrétaire général de la Commission de l'instruction publique.)

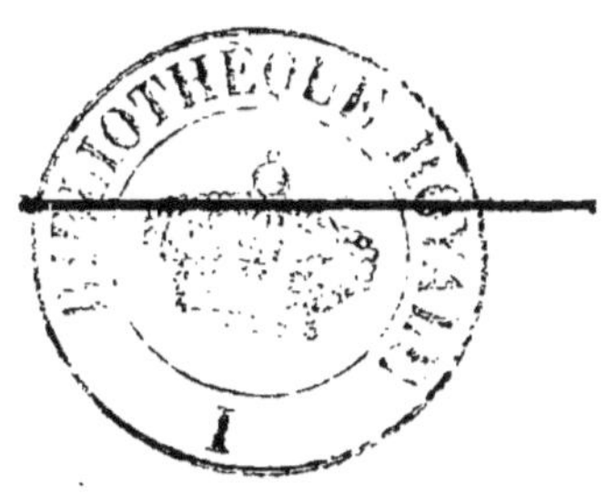

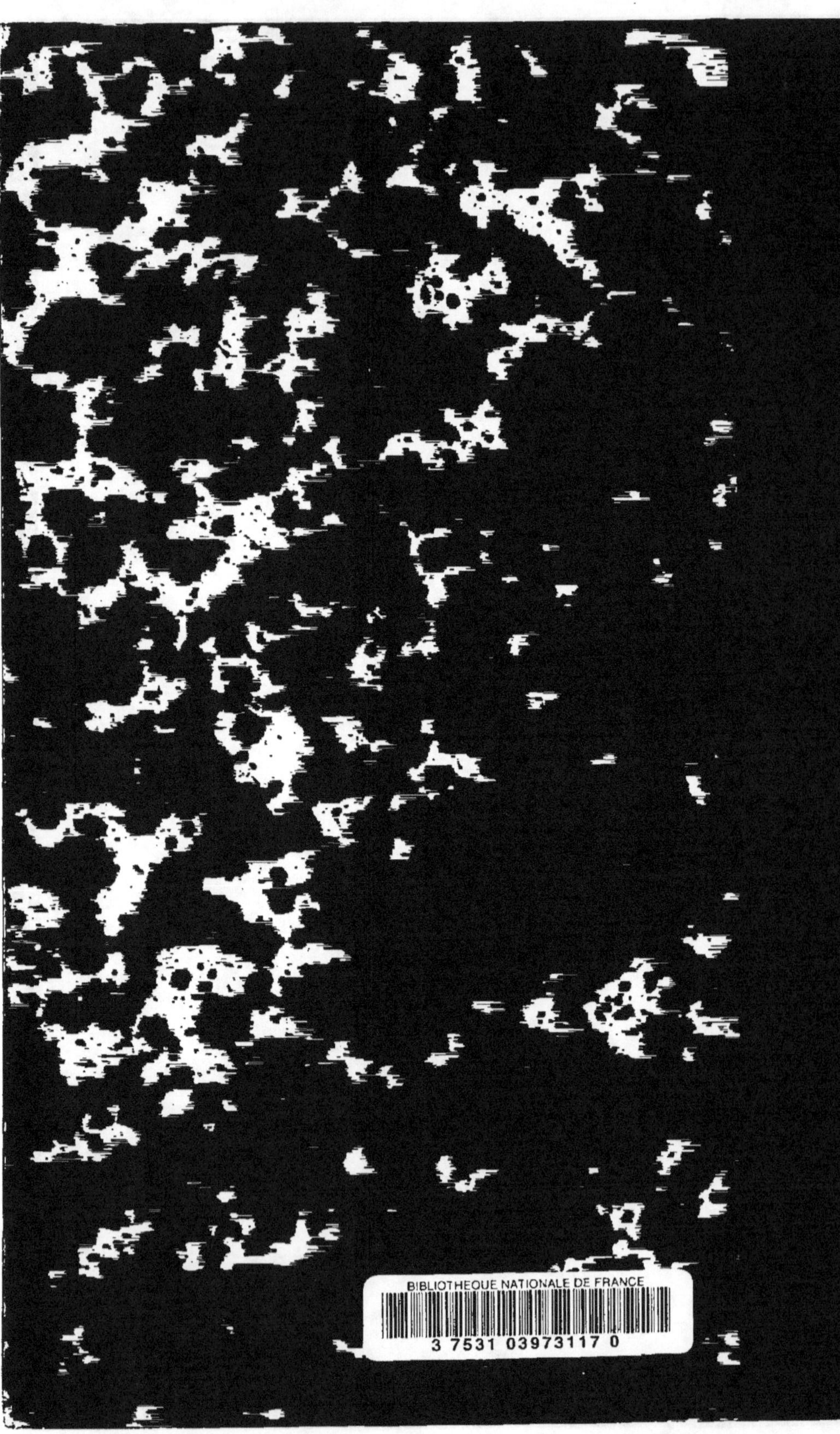

www.ingramcontent.com/pod-product-compliance
Lightning Source LLC
LaVergne TN
LVHW010102230826
846091LV00005B/2060

* 9 7 8 2 0 1 3 3 7 3 6 5 4 *